Quién es y quién fue el Conde Saint Germain

Colección Metafísica
CONNY MÉNDEZ
(1898-1979)

Ediciones Giluz
Bienes Lacónica, C. A.
Distribuidora Gilavil, C. A.
2016

Quién es y quién fue el Conde Saint Germain

Conny Méndez

Segunda edición, reimpresión de octubre de 2016
Derechos exclusivos conforme a la ley reservados para todo el mundo: Copyright © 2001, 2016 **Distribuidora Gilavil, C.A.**
Editado por:

Editado por
Ediciones Giluz
ISBN-10: 980-369-085-X
ISBN-13: 978-980-369-085-4
Depósito Legal: lf57520111102447

Distribuidora Gilavil, C. A.
Apartado Postal 51.467
Caracas 1050, Venezuela
Tel: +58 (212) 762 49 85
Tel./Fax: +58 (212) 762 39 48

infolibros@metafisica.com
www.metafisica.com - www.connymendez.com
Facebook: Conny Méndez - Metafísica
Twitter: @connymendez
Instagram: @connymendez

Diagramación de portada y textos: Diego Gil Velutini
Editor de textos: Rayza E. González R.

Ninguna parte de esta publicación, inclusive el diseño de la cubierta, puede ser reproducida, transmitida o almacenada en manera alguna ni por ningún otro medio, ya sea mecánico, eléctrico, digital, químico, óptico, de grabación o de fotocopia, sin permiso previo por escrito de la editorial.

Colección Metafísica Conny Méndez

Originales:
- ✔ Nuevo en Japonés: *Metafísica 4 en 1. Vol. I.*
- ✔ Nuevo en Italiano: *Metafísica 4 en 1. Vol. I.*
- ✔ Nuevo: *Metafísica 4 en 1. Vol. III*
- ✔ Próximamente: *Metafísica 4 en 1. Vol. IV*

Metafísica al Alcance de Todos. Nueva edición.
Metaphysics for every one (Metafísica al alcance de todos).
Te Regalo lo que se te Antoje. Nueva edición.
El Maravilloso Número 7. Nueva edición.
Quién es y quién fue el Conde Saint Germain. Nueva edición.
Piensa lo bueno y se te dará. Nueva edición.
Metafísica 4 en 1. Vol. I y II. Nuevas ediciones.
Power through Metaphysics (Metafísica 4 en 1. Vol. I).
El Nuevo Pensamiento. Nueva edición.
¿Qué es la Metafísica?
El Librito Azul. Nueva edición.
Un Tesoro más para ti.
La Voz del «Yo Soy». Nueva edición.
La Carrera de un Átomo.
Numerología.

Traducciones:

El Libro de Oro de Saint Germain. Nueva edición.
Misterios Develados. Nueva edición.
Los Secretos de Enoch (por Luisa de Adrianza).
La Mágica Presencia. Nueva edición.
Palabras de los Maestros Ascendidos. Vol. I y II.

Otras obras

Autobiografía/humor/caricatura:

La chispa de Conny Méndez. Nueva edición.

Música:

Cien años de Amor y Luz (CD).
Conny Méndez instrumental (CD).
La Cucarachita Martina (CD y libro de música infantil).
Imágenes románticas (CD) (interpretación de María J. Báez).

E-books y audiolibros disponibles en www.metafisica.com

Quién es y quién fue el Conde Saint Germain

Colección Metafísica
CONNY MÉNDEZ
(1898-1979)

Ediciones Giluz
Bienes Lacónica, C. A.
Distribuidora Gilavil, C. A.

Conny Méndez

Contenido

Introducción 11

Primera parte

Quién es y quién fue el Conde Saint Germain

    Capítulo I 15
    Capítulo II 23
    Capítulo III 33
    Capítulo IV 37
    Capítulo V 43

Segunda parte

Quién fue el Maestro Saint Germain

Reencarnaciones del adepto entre los años 303 y 1561

    Aclaratoria 51
    Prefacio 53
    Saint Albans 57
    Proclus, el neoplatonista 59
    Roberto, el monje 67
    Roger Bacon: el monje médico 69
    Christian Rosenkreutz 79
    Sir Francis Bacon 85
    ¿Quién es el Maestro Saint Germain? 95

Bibliografía 100

Colección Metafísica 4 en 1 101
Conny Méndez, una venezolana fuera de lo común 109

Ilustraciones

Conny Méndez 6
El Conde Saint Germain 16
Príncipe Rakoczi 19
El Ascendido Maestro Saint Germain 55
Proclus, el neoplatonista 60
Roger Bacon, el monje médico 70
Sir Francis Bacon 86
El Maestro Ascendido Saint Germain 96

*Quién es y quién fue
el Conde Saint Germain*

Introducción

En esta modesta obra no pretendo dar la última verdad respecto al Conde Saint Germain ni el Ascendido Maestro Saint Germain, siendo los dos una misma persona. El propósito es aclarar, en lo que sea posible: primero, ciertos «enigmas» que quedaron en las mentes después de la desaparición del «Conde», en el siglo XVIII; y segundo, comunicar ciertas revelaciones que nos han sido encomendadas, y que verás al final del libro.

Estas aclaratorias y revelaciones son, además, de gran valor para completar la «Enseñanza Metafísica para la Nueva Era» que nos fue transmitida por el propio Maestro Saint Germain.

Al final encontrarás también una extensa bibliografía sobre el «enigmático personaje», pero esta autora recomienda cautela en la aceptación indiscriminada de todo lo escrito sobre Él, en aquella época de gran ignorancia respecto a la Verdad Espiritual que hoy conocemos, ya que aquellos escritores de memorias y biografías, reporteros sedientos de sensacionalismo, se basaban en suposiciones, conjeturas y opiniones personales, todo producto de la mente carnal.

*El adepto venía siempre a espiritualizar la Europa medieval y a tratar de impedir el gran desarrollo del efluvio con que hemos casi paralizado el planeta Tierra. Pero esto ha sido totalmente ignorado hasta el presente por la gran masa humana, hasta que el pleno conocimiento de la Ley de Mentalismo y la actuación de la Llama Violeta estén haciendo ascender la conciencia humana para lograr escalar el Gran Peldaño Iniciático en que nos encontramos ya, lanzándonos a la órbita de Urano y entrando en la presencia «**Yo Soy**».*

Conny Méndez

Primera parte

Quién es y quién fue el Conde Saint Germain

Capítulo I

Muchísimo se ha escrito sobre el fabuloso, enigmático, misterioso Conde Saint Germain, el «Hombre Maravilla» que llenó el escenario europeo en los siglos XVII y XVIII.

Los archivos oficiales, papeles de Estado y Asuntos Extranjeros de toda Europa contienen numerosas menciones del «Conde», y después de su desaparición surgieron muchas novelas y «memorias». Las primeras inspiradas por el prodigioso personaje, entre las cuales se destacan como más famosas: «Zanoni», de Bulwer Lytton; «El Conde de Montecristo», de Dumas padre, y «La Pimpinela Escarlata», de la Baronesa Orczy.

Al Conde lo rodeaban dos corrientes. Una de celos y envidia porque gozaba de la confianza y la admiración de reyes, sabios y estadistas más destacados de Europa. La otra corriente, de profundo respeto y afecto en la cual participaban las órdenes esotéricas, las sociedades secretas y las sectas ocultistas de todas partes.

La primera corriente procuraba hundirlo, encarcelarlo y desterrarlo a donde fuera llegando, tildándolo

El Conde Saint Germain

de traidor, cuando más, y de charlatán, cuando menos. Sin embargo, jamás fue sorprendido en la más leve traición a la confianza que era depositada en él ni sus «grandes riquezas» fueron jamás extraídas de aquellos con quien establecía contacto.

Todo esfuerzo para investigar la fuente de sus recursos resultó infructuosa. No utilizaba ni bancos ni banqueros. No obstante, se movía en una esfera de crédito ilimitado que jamás fue puesto en dudas por otros ni abusado por él mismo.

Los intentos por apresarlo fracasaron siempre. El Conde se deslizaba y desaparecía misteriosamente para reaparecer de inmediato en un país diferente.

Los escritos que surgieron más tarde, y que aún existen, no logran explicar una sola palabra de los enigmas y misterios tocantes al Conde ya que todo está basado en conjeturas, suposiciones, opiniones de la conciencia humana, sin un ápice de conocimientos esotéricos o espirituales.

La verdad sencilla respecto al Conde Saint Germain es que era un iluminado, un adepto, un enviado especial de la Jerarquía Blanca para cumplir múltiples misiones con numerosísimas obligaciones.

La historia repite a ciegas que nació el 26 de mayo de 1696, hijo del último soberano de Transilvania, Ferencz II Rakoczi y la princesa Carlota Amadea de

Hesse Rheinfels, en el castillo Rakoczi en los Montes Carpatos.

Perseguido por Carlos VI, quien lo destronó, Ferencz II quiso proteger a su hijo, el príncipe Rakoczi, y después de haber hecho circular la falsa noticia de la muerte del pequeño lo envió a sus dependencias de Florencia al cuidado de Gian Gastone, el último de los Médicis.

El príncipe era un mozo muy inteligente y adelantado espiritualmente. A los catorce años se destacó en el movimiento francmasónico italiano, durante el tiempo en que seguía estudios en la Universidad de Siena.

Su padre era un patriota muy querido por su pueblo. Fue desterrado en Rodostó, Turquía, donde fue rodeado por una pequeña Corte hasta que murió en 1735. El príncipe acudió al lecho de muerte de su padre y luego fue enviado por el sultán en misión diplomática a Transilvania.

Poco se sabe sobre el príncipe durante esos años. La historia húngara no lo trata con simpatía cuando lo llama «hijo de una alemana, que nunca vivió en Hungría, que creció alejado de la tradición Rakoczi como un extraño en el pueblo de su padre», y en ese mismo año acusa (por segunda vez) su «muerte temprana».

Príncipe Rakoczi

Es importante que el estudiante se percate bien de todas las aparentes contradicciones para que vaya absorbiendo lo que la evidencia sugiere.

A pesar de que se manifestaba como un muchacho adelantado espiritualmente, el príncipe jamás dio ninguna prueba de las facultades que más tarde desplegó. Sin embargo, en el año 1735, a la muerte de su padre, cuando lo iba a reclamar el pueblo y la Corte de Hungría, comienzan ciertos manejos extraños que pronto iban a dar que hablar y, sin explicación posible para los testigos, por ejemplo, en los mismos momentos en que muere Ferencz II, su hijo, el príncipe Rakoczi es visto en Holanda estableciendo contacto con sir Loane, Rosacruz, prominente y presidente de la Royal Society en Londres. Cuando el sultán lo está utilizando en Turquía, el príncipe es huésped del Sha (Emperador, N. de E.) de Persia. El príncipe «muere» históricamente, públicamente, un año después de su padre cuando los acontecimientos lo iban tal vez a atar a una vida oficial en Hungría, y apenas «muere» en Turquía, o en Transilvania, aparece en Escocia donde vive misteriosamente hasta el año 1745. De allí se traslada a Alemania y Austria con misiones industriales, de donde sale a estudiar Alquimia en la India. No vuelve a aparecer hasta el año 1758 cuando establece contacto con el mariscal Belle Isle del ejército francés, pero en todos estos años ha actuado bajo los nombres de Marqués de Montserrat, Conde Bellamare, Caballero Schoenig, Caballero Weldon, Monsieur de Surmont y Conde Soltikoff. Ha llegado el momento de comenzar su misión en París y se da a conocer por el Mariscal Belle Isle con el nombre de Conde de Saint Germain.

El mariscal Belle Isle lo lleva a París, lo presenta a madame de Pompadour quien, a su vez, lo presenta al rey de Francia y comienza a desplegarse la magia desconcertante del Conde Saint Germain; desaparece para siempre el Príncipe Rakoczi, aunque la historia dice que para justificar su noble alcurnia ante el rey, le dijo en secreto su nacimiento y procedencia lo cual fue de inmediato aceptado por Su Majestad.

Capítulo II

Habiendo nacido el príncipe Rakoczi en el año 1696, cuando en 1758 llegó a París contaba sesenta y dos años. Sin embargo, representaba sólo treinta años de edad.

El mundo veía en él un joven y noble señor de modales exquisitos, de gran dignidad, de impecable cortesía. Su porte era militar, delgado y de mediana estatura. Su cuerpo era asombrosamente bien formado. Sus manos delicadas, sus pies pequeños, sus movimientos elegantes, su cabello era oscuro y fino, sus ojos pardos. Una de sus biógrafas, la condesa D'Adhemar, no se cansaba de ponderar: «¡Qué ojos! ¡Jamás los he visto iguales!».

Todo en él lo revelaba perteneciente a una muy antigua y noble familia. Vestía sobriamente, de corte impecable y de las mejores telas. Siempre llevaba medias de finísima seda.

Por la magnificencia de sus joyas se le juzgaba inmensamente rico; se rumoreaba el crédito ilimitado que gozaba en todos los bancos del mundo y se cuchicheaba acerca del lujo fastuoso en que vivía. Se aseguraba que ostentaba dos valets de pie y cuatro lacayos uniformados en color tabaco con galones de oro. Se comentaba su gran colección de casacas que cambiaba a menudo y hacían eco sus botones, yuntas, relojes, sortijas, cadenas; se citaba un ópalo monstruoso y un extraordinario zafiro blanco del tamaño de un huevo, lo mismo que la variedad de sus diamantes, el tamaño, color y perfección de cada uno. Sin embargo, cosa extraña, nadie podía jamás jactarse de haber sido recibido en la casa del Conde. Frecuentaba las fiestas, pero jamás lo vio nadie comer ni beber.

El Conde Saint Germain presentaba la invariable compostura, la conducta, el refinamiento y la cultura que caracteriza a los nobles de rango y educación. Todo esto unido a una fascinante conversación, una versatilidad para cambiar de tono y tema que lo hacían siempre refrescante, inesperado e inagotable. Daba la impresión de haber viajado por el mundo entero y, sobre todo, de haber asistido personalmente a todo cuanto ha existido en nuestro planeta.

El Conde era, sin duda, un acabado diplomático, un genio artístico, un excelente músico y compositor que ejecutaba el piano con maestría, que en el violín rivalizaba con Paganini, que cantaba con una lindísima voz de barítono, que pintaba y esculpía como los muy grandes y que, al parecer, vivía eternamente, ya que por admisión propia su descubrimiento de un líquido especial lo había mantenido vivo durante dos mil años.

En Londres, en la casa Walsh de Catherine Street, en el año 1740, el Conde publicó varias composiciones. Conocemos sólo una: un aria de su pequeña ópera *L'Inconstanza Delusa* (*La Pérfida Inconstancia*), compuesta en el estilo rococó del siglo XVIII, muy bonito, muy florido. Al final damos la dirección donde se puede encargar el disco de esta pieza que tiene además el atractivo —y la corroboración— de comenzar con las notas tonales del adepto, Maestro Ascendido Saint Germain, do-fa, de la quinta octava del teclado.

Vamos a aclarar de una vez la razón del nombre que escogió este adepto para figurar en aquella misión. Por supuesto, no cabe duda alguna de que para que un hombre inteligente pudiera introducirse en la corte más brillante de Europa, le era indispensable un bonito nombre y título nobiliario, francés con preferencia, y auténtico. Esto último tenía que ser a prueba de investigaciones. Corre el dato de que los dominios de Ferencz Rakoczi en Italia se llamaban «de San German». No podemos asegurarlo ni tampoco comprobarlo, pero algo de eso hay sin duda, ya que los maestros, teniendo el privilegio de mirar desde el pasado más remoto hasta el futuro más distante, cuando tienen que interferir personalmente lo hacen ya equipados con toda la preparación necesaria. Su tarjeta de visita tenía que abrirle desde las puertas soberanas de las cortes hasta las más herméticas de las organizaciones espirituales, que tienen «ojos para ver y oídos para escuchar».

El Conde Saint Germain

Ya hemos visto cómo entraba y salía…
Comes Sanctus Germanitas

Habla en el idioma esotérico de todas las sectas. O sea que, *comes comito*, o *comitor* es un alto grado franc-masónico. *Sanctus* le habla a las religiones cristianas, y Germanitas, o fraternidad, es la consigna de todos los ocultistas.

Al introducirse en la masonería francesa, donde inició a Diderot, anunció que era «el más antiguo de todos los masones», por no decir que había sido el propio fundador de la Orden.

El Maestro Saint Germain no tuvo necesidad de elegir otro nombre para continuar en sus misiones para los humanos, ya que paulatinamente ese nombre se iba transformando, de acuerdo con el cambio de las conciencias espirituales, de «miembro de la Fraternidad Blanca» a «hermano mayor».

No estamos suponiendo o inventando cuando dejamos sentado que el príncipe Rakoczi y el Conde Saint Germain eran una misma persona. La comprobación la dieron los maestros a través de la Sociedad Teosófica fundada por los maestros Morya y Kuthumí, cuando vino la siguiente comunicación por boca de El Tibetano, adepto de la hermandad blanca, casi un siglo después de la «muerte» del Conde Saint Germain:

«El maestro que se ocupa especialmente del futuro desarrollo de Europa y despliegue mental de América es el Maestro Rakoczi. Es húngaro y tiene su morada en los montes Cárpatos, habiendo sido en un momento dado una figura muy conocida en la corte húngara... También se ocuparon mucho de él cuando fue el Conde de Saint Germain. En la logia de la Fraternidad Blanca se le llama usualmente «El Conde», y en América actúa como Administrador General en los planes de los Hermanos Mayores; puede decirse que actúa como encargado de llevar a la práctica, en el plano físico, los planes del Cristo».

Para todo el que sepa leer entre líneas esta comunicación habla claro, pero como estamos para aclarar enigmas, haremos notar: «el despliegue mental de América» se refiere al Principio de Mentalismo que, aunque fue dado por Hermes Trismegisto, no se le dio la importancia capital que encierra hasta que Mary

Baker Eddy, fundadora de *Christian Science,* comenzó a divulgarlo. Ella fue el anuncio de la era venidera, era de la mujer, a fines de siglo XIX, exponente del Principio Mental que rige en esta era.

La comunicación habla del Maestro Rakoczi en tiempo presente, y presente en el planeta, a pesar de que históricamente había «muerto». Dice textualmente: «El maestro que se ocupa… *es*». También dice «es húngaro y *tiene* su morada en los Cárpatos». Que «habiendo sido, en un momento dado, figura muy conocida en la corte húngara», de hecho admite que al mismo tiempo fue «el Conde de Saint Germain», y agrega: «de quien se ocuparon mucho».

La esencia de la comunicación afirma que al príncipe Rakoczi se le llamaba en la Fraternidad Blanca «El Conde», fundiendo sin disimulos a las dos entidades. Luego admite que «El Conde» es el instrumento de la Hueste Ascendida en el continente americano y finalmente deja entrever lo que para la fecha de la comunicación no se había divulgado aún, que el Maestro Saint Germain iba a ser el avatar de esta Era de Acuario, trayendo «a la práctica en el plano físico»; es decir, *manifestándose* el Cristo de la Era, como se manifestó en la era inmediata anterior el Maestro Jesús.

Los adeptos no tienen necesidad alguna de reencarnar para poder circular en la Tierra y entre los hombres. Si es que tienen que entrar en nuestra atmósfera por un tiempo corto, hacen denso el cuerpo etérico y por consiguiente visible a nuestros ojos físicos, o si es que tienen que cumplir una misión de larga duración, digamos de unos meses o unos años, ocupan un «cuerpo prestado», lo cual requiere el gasto de mucho menos energía que el sistema anterior.

No es nada práctico renacer de un vientre de mujer volviendo con la conciencia envuelta y sin memoria, además de tener que esperar tantos años para alcanzar la edad adulta y poder cumplir una misión de altura. La Transfiguración, o sea la ocupación de un cuerpo prestado, es el trasplante de un espíritu, o ego, en el cuerpo de un iniciado que esté dispuesto a ceder su cuerpo, en vida, o en el momento de morir.

Este cuerpo ha de ser absolutamente sano y el ego que lo habita tiene que ser adelantado, ya que las altas vibraciones del espíritu que lo ocupará son muy fuertes. El trasplante se hace gradualmente. Es de suponer que el maestro ocupó el cuerpo del príncipe Rakoczi en aquellos momentos en que se le declaró «muerto». Es posible que así le haya aparentado a los que lo rodeaban. Nada de extraño tendría que el maestro hubiera fingido morir, ya que sabemos de otras dos ocasiones en que así lo hizo.

El adepto que ocupa un «cuerpo prestado» tiene todo el poder para reformar la estructura atómica de ese cuerpo, de manera de adaptarlo a sus propias necesidades. Por esa razón el Conde Saint Germain no tenía necesidad alguna de comer ni beber, ya que disponía de la Sustancia Universal que obedece instantánea e incondicionalmente las órdenes de un maestro.

El propio Maestro Saint Germain ha admitido haber ocupado unos cuarenta cuerpos prestados en diferentes ocasiones y por diferentes propósitos o misiones en la Tierra. Sabemos que uno de estos fue el cuerpo de san José, esposo de María Virgen. Misión más delicada y misteriosa no ha habido nunca, que sepamos. ¡Después de dos mil y pico de años aún se ignora la completa verdad!

Otra ocupación de cuerpo prestado fue la del almirante Cristóbal Colón, destinado a encontrar, sin perderse ni naufragar, el «Nuevo Mundo» anunciado por el Maestro Jesús, donde debían desarrollarse tantas nuevas dimensiones y conciencias. Sabemos por un antepasado de esta autora, íntimo amigo y compañero de viajes de Colón, que eran ocultistas los dos lo cual da margen para deducir que poseían los dos un grado avanzado de conocimientos y que Colón podía muy bien haber prestado su cuerpo al «adepto» que lo llevó al éxito en sus viajes, al mismo tiempo que cumplía los planes de la Jerarquía Blanca, como atestiguan los archivos planetarios del Royal Tetón de Norteamérica y Machu Pichu en Suramérica.

Una tercera ocupación parece haber sido la del libertador Simón Bolívar, ya que las actuaciones del Maestro Saint Germain siempre han sido en pro de la liberación de humanos, de naciones, de ideas y de almas. Esta hazaña de Bolívar, con toda la gloria y la importancia que se le da y que merece, no ha sido aceptada en toda su magnitud. Escalar los picos nevados de la Cordillera de los Andes, sin caminos, libertar sin armas ni soldados de escuela, fueron una serie de milagros característicos de «El Conde» Saint Germain, y del Maestro Saint Germain.

Capítulo III

Asombraba a todo el mundo la memoria extraordinaria del Conde Saint Germain. Repetía páginas enteras después de una sola ojeada. Hablaba sin acento alguno en alemán, inglés, italiano, portugués, español, francés, griego, latín, árabe, chino, hebreo, caldeo, sirio, sánscrito, muchos dialectos orientales, y leía el cuneiforme babilónico y los jeroglíficos egipcios, todos con absoluta maestría.

El conde era ambidiestro. Podía escribir con ambas manos a la vez. Las dos mitades de su cerebro eran independientes, ya que con una mano podía escribir un soneto y con la otra una carta de amor.

Aunque jamás hizo alarde de sus poderes ocultos, el conde actuaba espontáneamente como un mago blanco, un cabalista, un hermetista, un alquimista, un iluminista, un templario, un gnóstico, un francmasón y un rosacruz. Era clarividente, claroaudiente, viajaba astral, etérica y cósmicamente. A veces no se le veía en tres días. Entraba en un trance profundo sin despertar. Esto podía ocurrirle en casa ajena o en la suya propia. El historiador vienés Franz Graeffer relata que un día, en medio de una conversación con el Conde, de pronto lo vio ponerse serio, rígido como una estatua, sus ojos usualmente tan expresivos se hicieron incoloros y sin vida. Al rato se reanimó, se puso de pie y haciendo un gesto de despedida con la mano exclamó en alemán «Ich cheide» (me voy), «me verán una vez más mañana. Se me necesita en Constantinopla, luego en Inglaterra. Por ahora tengo que ir a preparar dos inventos que verán en el próximo siglo: un barco y un tren».

Tenía el hábito desconcertante de entrar en la cámara del rey sin recurrir a las puertas. Simplemente aparecía y desaparecía sin disimular su facultad.

En las reuniones amenizaba relatando detalles de sus conexiones con Cleopatra, con Jesucristo, con la Reina de Saba, con santa Isabel, con las cortes de los Valois, con santa Ana, con la antigua Roma, con Rusia, Turquía, Austria, China, Japón, India. Tan pronto imitaba a Francisco I como revelaba altos secretos de Luis XIV, y de todo hablaba con mayor aplomo del que desplegaría el propio encargado de negocios de cada personaje.

En una ocasión en que relataba un episodio muy remoto se detuvo con un pequeño aire de confusión y le dijo a su valet de pie: «Fue así el asunto, ¿no, Roger?», y Roger respondió: «El señor Conde olvida que yo sólo llevo cuatrocientos años con él. Eso ha debido ocurrir en tiempos de mi predecesor». Por lo cual preguntamos entonces: ¿en dónde coloca, a Roger, con respecto a la teoría del nacimiento del Castillo de Rakoczi?

Por supuesto que todos estos prodigios son catalogados por la humanidad corriente en términos de magia, blanca o negra, según sea buena o mala. Pero como todo tiene una explicación perfectamente natural y los seres humanos heredamos el mismo derecho legado por el Padre, Divino Creador nuestro, será bueno que se aclare el misterio de cada uno de los enigmas anteriores.

Cuando el ser humano alcanza su última encarnación en la Tierra se dice que es «candidato» para la ascensión que ocurre porque la persona se ha desprendido de todas las ataduras con el planeta Tierra y con sus familiares y, al lograr limpiarse de toda la energía negativa, va llenando sus células de luz. Llega el momento en que la Magna Presencia «**Yo Soy**» lo atrae hacia sí y lo extrae de la Tierra: se ha vencido la gravedad de la misma. En ese momento el individuo tiene la oportunidad de escoger la Gloria o continuar ayudando a sus hermanos humanos. Es el momento en que el subconsciente vacía su contenido y el ego recuerda todas sus encarnaciones pasadas sin sufrir molestia alguna. Además recupera todas sus habilidades adquiridas y todos los idiomas que habló a todo lo largo de su «corriente» de vida. Puede disponer de sus «Tesoros en el Cielo»; en otras palabras, de todo lo que contiene su Cuerpo Causal. Pero si el ego prefiere ascender a la Gloria, debe entregar todo lo acumulado para bien de la humanidad.

La «memoria extraordinaria» no es, pues, sino la facultad natural de mirar hacia atrás y leer como en un libro, o ver como en una película, lo que venga en gana en el pasado sin el Velo de Maya.

El ser ambidiestro no es otra cosa que el haber sido «zurdo» en otras vidas. Es una habilidad adquirida y por lo tanto el individuo puede escribir con ambas manos.

La facultad de aparecer y desaparecer sin recurrir a las puertas es condición de los cuerpos astral y etérico. El saber proyectarlos fuera del cuerpo físico se puede lograr con estudio y práctica. En vida del cuerpo físico éste se deja dormido en un lecho mientras se «viaja». Ayuda mucho el saber, primeramente, que sólo pensar en un lugar o en una persona se está allí o con ella.

En cuanto a Roger, es tal vez la prueba más consistente de que ambos estaban ocupando cuerpos prestados en aquel siglo. Roger manifestaba ser pupilo, iniciado y servidor inseparable del Maestro.

Capítulo IV

*E*l «problema del dinero» es uno de los que más preocupa a la humanidad. En todas las crónicas respecto al Conde se manifiesta una gran curiosidad por saber de dónde provenían las sumas que aparentemente derrochaba en sus joyas esplendorosas, para costear su vida en la corte y para ataviarse tan noblemente. Sin los conocimientos espirituales que enseña la actividad **«Yo Soy»** no queda otra respuesta que la Alquimia. El mundo le «plantó la chapa» de alquimista y no buscó más.

La Ley de Correspondencia dice que «Como es arriba es abajo y viceversa». La Alquimia sí existe en todos los planos, sólo que como vamos descubriéndolo en todo, las cosas se hacen más sencillas, más livianas, más rápidas a medida que se asciende en el plano espiritual y, por el contrario, se hacen más pesadas, más retardadas, cada vez más laboriosas, a medida que se desciende en el plano material.

La transformación de los metales en oro es idéntica a la transmutación de la energía en el plano mental-espiritual. Se trata simplemente de reconvertir las formas e imágenes mentales negativas, destructivas, en el «oro puro» de las virtudes que nos pertenecen en el plano de «**Yo Soy**».

Cicerón dijo que la Filosofía es el conocimiento de las cosas divinas y humanas, y de sus causas y principios. Aplíquese esta dualidad a la idea de la «piedra filosofal» que transmuta los metales en oro, y se verá muy claro que no se trata sino de un estado de cosas totalmente abstracto y nada físico. La «piedra», sabemos en Metafísica, es la fe; «Filosofía» es la sabiduría pura, exacta (el filo de la navaja).

La Alquimia es, pues, primero espiritual y, muy al final, material, pero no se puede aprender de abajo para arriba. El que sabe transmutar la energía por medio de la Llama Violeta, primero, y luego por medio de las demás llamas, ha encontrado la Piedra Filosofal. Irá transmutando la acumulación de energía que le impide manifestar el «oro de la abundancia» en su vida.

Generalmente los alquimistas eran seres muy sabios, muy versados en las ciencias más ocultas. Los signos cabalísticos que empleaban eran fórmulas y ecuaciones muy profundas. Sus jerigonzas eran tapadillos para que los neófitos no se pusieran a experimentar con sustancias peligrosas, ya que los curiosos leen y le dan una interpretación totalmente errada a lo que leen, sobre todo en lo espiritual porque sólo hacen caso a la letra muerta.

Es verdad que ante los propios ojos de Jacques Casanova de Seingalt, el Conde tomó una moneda de doce centavos, la expuso a cierta llama hasta que se volvió roja y, cuando se hubo enfriado, se la entregó a Casanova. Tan grande fue el asombro de éste al constatar que era oro puro, que expresó la duda de que Saint Germain hubiera tal vez cambiado una moneda por otra. El Conde simplemente le contestó: «El que duda de mis conocimientos no merece hablar conmigo», y le mostró la puerta.

Para un ser de la talla del Conde Saint Germain existen todas las posibilidades. Un Iniciado, un Adepto, un Maestro de esa magnitud no encuentran dificultad alguna para transformar un centavo en pieza de oro, cuando sólo tiene que alargar la mano y extraer del aire el oro que le sea menester.

Esta verdad no la puede ni creer ni comprender sino aquel que se haya percatado del Principio de Mentalismo hasta el punto de hacer conciencia de él. Por haber sido totalmente ignorado hasta el siglo pasado es que el mundo se llenó de alquimistas que buscaban oro por el camino fácil, ignorando la verdad.

Ya estamos en el peldaño en que muchos van a constatar el hecho de que si se visualizan en plena

Llama Dorada, bajando de la Presencia y sintiendo gratitud por ello, no tardarán en precipitar toda la sustancia que les sea necesaria. Éste es un paso en la Alquimia Espiritual y no puede fallar.

Hay que aclarar un punto vital sin el cual no actúa la Alquimia Espiritual. La Presencia «**Yo Soy**» no puede hacer descender su sustancia dorada al ego inferior, a menos que el canal se encuentre limpio. Limpio significa no entorpecido por la amargura. Esta amargura la forman las críticas, la chismografía, la mala voluntad, el rencor, el recuerdo constante de los males pasados, las emociones violentas.

La forma más práctica de lograr un ánimo ecuánime en todo momento es esforzarse para no dejarse afectar por ninguna circunstancia lastimosa o que impaciente. Cuida tu alegría y tu buen humor, ya que toda pérdida de paciencia, toda consideración con el error te será cobrado con creces. No solamente porque afecta tu receptividad del bien que desea darte tu Presencia «**Yo Soy**», sino porque cuando llegues a esas alturas de Alquimia Espiritual, tus cambios de ánimo, tus fluctuaciones emocionales afectan destructivamente todo tu ambiente y a tus familiares y relacionados, y si eres jefe de grupo, a todo tu grupo. Para evitar este peligro es mejor no asistir donde estén ocurriendo cosas tristes, negativas y dramáticas. Ya la persona que se halla en esta octava, ni es menester que visite enfermos o que haga «pases» colocando las manos, o que contacte directamente ninguna especie de problema. Su Tratamiento Universal del «**Yo Soy**» llega a todas las latitudes. Su tratamiento tiene que ser a distancia porque muchas veces el practicante encontrará que sus vibraciones son demasiado fuertes para el enfermo.

Capítulo V

El Landgrave Carlos de Hesse-Cassel, Duque de Schleswig, emparentado con el príncipe Rakoczi por la madre de éste, la princesa de Hesse Rheinfels, era un ocultista muy adelantado, íntimo amigo del Conde y tal vez el único que conocía toda la verdad respecto a él.

La muerte del Conde Saint Germain en el Castillo del duque Carlos, en Eckernfoerde, Suecia, el 27 de febrero de 1784, es tan falsa como su nacimiento en Transilvania, pero no era la primera vez que el Maestro desaparecía de la circulación sin dejar tumba ni lápida, como veremos más adelante.

Por algo dijo Voltaire en una carta a Federico el Grande: «El Conde Saint Germain es el hombre que nunca muere y que todo lo sabe».

El duque Carlos quemó todos los papeles del Conde después de que éste desapareció, quedando únicamente el manuscrito de la **muy santa trinosofia**, único libro que dejó escrito el Conde Saint Germain.

Intrigada, madame Helena P. Blavatsky, dos siglos después, hizo un comentario en la Sociedad Teosófica:

«¿No es absurdo que un hombre de la notoriedad de Saint Germain haya sido enterrado sin pompa ni ceremonia, sin supervisión oficial, sin el registro policial que siempre interviene en los funerales de los hombres de rango? ¿Dónde están estos datos? ¡No existe ni un papel que los contenga!».

Añádase a esta negativa que el Conde ha sido visto muchas veces después del año 1784. En una conferencia privada muy importante con la reina Catalina de Rusia, en el año 1785, se le apareció a la princesa Lamballe momentos antes de ser decapitada; se le apareció a Jeanne Dubarry, la amante del rey, también en los momentos que esperaba en el patíbulo en los Días del Terror de 1793, el Conde de Chalons dijo haber conversado con Saint Germain en 1788, en la plaza de San Marcos, en Venecia, la noche antes de que él partiera para Francia.

En el siglo pasado, por los años de 1920, el obispo Leadbeater, de la Iglesia Católica Liberal, paseando en Roma se encontró con el Maestro Saint Germain vestido como cualquier caballero italiano y conversaron por más de una hora en el Pincio.

En los libros traducidos por mi de la *Colección Metafísica*, titulados *Misterios Develados* y *La Mágica Presencia* hay múltiples ocasiones en que el Maestro apareció, desapareció, convivió, conversó y enseñó a los altos personajes de la mencionada Fundación.

Hasta hace poco muchas videntes aseguran haber visto al Maestro Saint Germain en sus visiones psíquicas, pero hace algún tiempo que nadie lo ha vuelto a ver. Esto es porque le fue ofrecida una nueva ascensión a un plano mayor, donde goza de mucha más libertad para sus funciones de avatar de la era. Sin embargo, el señor Maha Chohán dijo en una comunicación muy reciente que al Maestro le hace falta el contacto con la parte física que antes tenía.

La Llama Violeta, que antiguamente era desconocida, ahora forma parte de nuestra enseñanza porque el Maestro la ha traído como regalo suyo al planeta Tierra. Esta llama era exclusivamente aplicada a los egos que estaban a punto de ascender, o sea en los retiros espirituales.

Segunda parte

Quién fue
el Maestro Saint Germain

Reencarnaciones del adepto entre los años 303 y 1561

Saint Albans
Primer mártir inglés. Se ignora el nacimiento. Murió en 303.

Proclus
Neoplatonista; nació en 410, murió en 485.

Robertus el Monje
Indeciso, entre los años 1156...1211.

Roger Bacon
El «monje médico»; nació en 1214, murió en 1294.

Christian Rosenkreutz
Fundador de la Orden Rosacruz; nació en 1378, murió en 1484.

Francis Bacon

Político, filósofo, escritor inglés; nació en 1561, última encarnación antes de aparecer como el príncipe Rakoczi. Al parecer no murió. Se dice que su tumba está vacía.

Aclaratoria

Al Maestro no se le conoce ninguna encarnación en cuerpo femenino. Al parecer, jamás fue casado en ninguna vida terrena.

A pesar de que el obispo C. W. Leadbeater, de la Sociedad Teosófica, en su libro *Los maestros y el sendero* cuenta entre las encarnaciones del Maestro Saint Germain a Hunyadi Janos, defensor de Hungría, esta autora se ha permitido excluirlo de este recuento, no obstante haberlo incluido en su libro *El maravilloso número 7* porque los detalles del nacimiento y muerte no presentan posibilidad de que sea verídico el alegato. Es decir, que Hunyadi Janos, dice la historia de Hungría, nació en el año 1386: ¡ocho años después de haber nacido Christian Rosenkreutz! Hunyadi Janos murió en 1459, es decir, veinticinco años antes de la muerte de Christian Rosenkreutz. Ante este visible disparate la autora se exime de incurrir en él hasta que otras fuentes lo corrijan.

Los editores.

Prefacio

Orfeo de Tracia, poeta y cantor, parece haber sido el originador del Gran Sistema Filosófico del Occidente.

El nombre «Orfeo» viene de una palabra griega que significa «Oscuro». Aún no se sabe si Orfeo fue un oriental de piel morena que instituyó la enseñanza órfica, o si al «orfismo» se le llamaba así por ser un culto que practicaba orgías y ritos a un dios «oscuro». Tampoco se sabe si esa oscuridad se refería a que los ritos se efectuaban a puertas cerradas o porque el dios, tal vez, sería negro. Lo cierto es que la ideología órfica sirvió de base a los más nobles sistemas de Teología, en los cuales se destacaron Pitágoras y Platón.

En Grecia el orfismo era abierto, ya que consistía en una religión y un culto a la historia divina de una multiplicidad de dioses, la cual con el tiempo llegó a ser denominada «mitología griega». La generalidad rendía tributo a los dioses, simplemente. Los auténticos órficos alegaban que cada una de sus divinidades simbolizaba o un Principio Divino o una Ley Inmutable, o una Facultad de la Mente Universal; es decir, que es la pura y avanzada comprensión de los Rayos, las Llamas, la Hueste Angélica, la Jerarquía Blanca y los

Seres Cósmicos, tal como los conocemos hoy en la Actividad «**Yo Soy**».

El simbolismo es un irritante de la mente, la cual busca urgentemente una explicación y, a medida que los intelectuales griegos se iban dando cuenta de que su mitología era una especie de gran adivinanza que ocultaba importantísimas verdades espirituales, se entregaban a descifrar el rompecabezas con alma, vida y corazón. El resultado fue el estímulo y despertar de las facultades del pensamiento abstracto, desconocido hasta entonces. Por lo cual se estableció la gran Era de Oro de intensa actividad intelecto-espiritual que produjo, en trescientos años, casi seiscientos filósofos que cambiaron la vida intelectual futura de todo el planeta.

En Egipto crecía paralelamente la enseñanza esotérica con su Astrología y su magia astral, denominada Geometría, reservada exclusivamente a sus hierofantes y discípulos. Gradualmente se iba infiltrando en otros países por conducto de estudiosos que, como Pitágoras, lograban ingresar en esa escuela a fuerza de tenacidad. Pitágoras se instaló en las gradas del edificio hasta que después de siete años se le permitió ingresar. En Palestina imperaba la religión monoteísta.

Platón fue uno de los órficos que adaptó las doctrinas esotéricas a su filosofía.

El Ascendido Maestro Saint Germain

Saint Albans

Vino al mundo el Maestro Jesús y divulgó su enseñanza cristiana, Metafísica pura y rompió así la cáscara hermética del hebraísmo. Aunque los apóstoles y evangelistas diseminaron la enseñanza cristiana, por orden de su fundador (después de la ascensión del Cristo) costó muchísimo y corrió mucha sangre antes de que se pudiera arraigar, como bien se sabe. Quien le dio el mayor impulso fue Pablo de Tarso, médium, clarividente y claroaudiente —hoy en día el Ascendido Maestro Hilarión—. Aunque no conoció siquiera al Maestro Jesús, le oyó la voz y tuvo de Él una gran manifestación en el camino de Damasco.

El «Hilo de Ariadna», que nos va a ir llevando y persiguiendo la trayectoria del Maestro Saint Germain a través de sus reencarnaciones en este planeta (siempre con el empeño de procurar mantener a nuestra humanidad en un mismo carril y sin desviarse), nos indica que el Maestro, después de haber venido en el vehículo de san José para encauzar y proteger la vida de Jesús fundador del cristianismo, o sea el próximo paso en el sendero espiritual, encarnó en un niño anglo-romano en plena época de martirios y torturas de cristianos, con el fin de llevar sus potentísimas vibraciones hasta los confines del imperio de Roma, en la ciudad de Verulamium situada en lo que es hoy Hertfordshire, Inglaterra, a veinte minutos de Londres.

La isla que, andando los siglos, llegaría a ser el último y el más grande de los imperios del planeta Tierra, tuvo que ser la cuna de ese niño que llevaría el nombre de Albano (Albans), quien llegaría a ser monje benedictino y que sería el primer mártir de Inglaterra. Era el año 303 de nuestra era.

Alguien, no se sabe si fueron sus fieles seguidores o si fue la Iglesia Cristiana, más tarde hizo marcar el sitio del martirio y levantó una abadía que nombró «Saint Albans».

Andando los siglos, en el año 757, Inglaterra se encontraba dividida en pequeños reinados. En uno de estos llamado Mercia, su rey, Offa, encontró las reliquias del mártir y erigió un monasterio benedictino en su honor. Este monasterio llegó a ser una de las casas más importantes de la Orden.

Finalmente, en el año 1077, fue construida una catedral gótica con los auténticos ladrillos de la antigua ciudad de Verulamium. El día 17 de junio se celebra el día de Saint Albans en Inglaterra, en nuestros días.

Proclus, el neoplatonista

En los altos círculos filosóficos se dice que «el germen de toda idea, aun las ideas cristianas, se encuentra en Platón».

A medida que iba tomando cuerpo la ideología cristiana, iba decayendo lo que la Iglesia llamó «paganismo», o sea, el orfismo y el esoterismo, del cual era el exponente principal Platón. Un siglo después de Saint Albans, nació en Bizancio, Proclus (Proclo), en el año 410 A.D.

La historia dice que entre la muerte de Plotinus (27 años Domine) y el nacimiento de Proclus ocurrió el crecimiento de la religión cristiana y la decadencia del clásico mundo pagano, añadiendo que Proclus vino a restaurar la tradición esotérica.

Neoplatonismo viene del griego «neos», nuevo, o sea que renueva el platonismo. Proclus estudió en Alejandría y en Atenas. Fue un seguidor de Plotinus, quien representa «La reforma de la idea del uno».

El platonismo fue renovado varias veces en la historia. En el Renacimiento (siglo xv), en la Escuela de Cambridge (siglo xvii) y continúa siendo hasta

Proclus, el neoplatonista

nuestros días una corriente filosófica fundamental en las ideas espirituales modernas.

Ese platonismo es el anhelo místico de expandir la conciencia para poder entrar en contacto con los seres divinos, directa y personalmente.

Te va a asombrar la similitud del neoplatonismo de Proclus y la Metafísica moderna. Verás claramente que el maestro renacía en los lugares estratégicos para enderezar el camino cada vez que se torcía o para señalar nuevas rutas a aquellos que la anduvieran buscando.

El Neoplatonismo decía: «La unidad es una realidad. La diversidad es una ilusión. Buscad la unidad detrás de la aparente diversidad».

El Neoplatonismo estudia principios universales; por lo tanto, acepta a todos los dioses integrados en el Dios Uno. A todos los hombres como una humanidad.

La gran verdad neoplatonista es que toda vida es una y, con esta convicción en el corazón y los más nobles pensamientos, se hace una contribución positiva a la hermandad universal.

El Neoplatonismo enseña la comprensión, pero no la aceptación de lo inferior ya que la comprensión trae la apreciación sin límite. El Neoplatonismo aconseja la moderación en todo lo que se posee para poder gozar plenamente de lo que se posee, ya que tener demasiado empobrece el gozo.

El Neoplatonismo enseña que pertenecer a una secta trae dogmas y los dogmas son limitaciones en las ideas. El sectarismo es una fuerza limitadora.

El Neoplatonismo dice que se debe buscar el bien en todo. No es que todo bien sea agradable. Por ejemplo, es bueno estar infeliz cuando se desobedece una ley universal. Es bueno recibir un mal si hemos hecho ese mal a otros. Es bueno sentirse enfermo si se han desobedecido las leyes de la salud. Es decir, las cosas tal como estén son buenas.

El Neoplatonismo ordena que una vez que el punto de vista primario sea comprendido y aceptado, el estudiante se convierta en instructor de otros. Por eso, el Neoplatonismo es especialmente práctico en nuestros tiempos.

Los intelectuales griegos decían que Proclus era un protegido de los dioses, que Minerva lo había recibido en su nacimiento y que lo había protegido durante toda su vida. Naturalmente, como toda secta, toda enseñanza y toda religión contiene una parte de la Verdad; al iniciarse una división de las conciencias viene un «avatar», un maestro o un profeta, siempre un voluntario, como antes dijimos, para «enderezar» lo desviado.

Proclus refería que muy jovencito se le había aparecido Minerva y le había aconsejado estudiar Filosofía.

Además, habiéndole dado una enfermedad que ningún médico supo diagnosticar, estando toda la familia reunida esperando su muerte, entró un joven radiante de cuya cabeza salían rayos de luz. Acercándose a la cama le puso un dedo en la frente y pronunció su nombre: «Proclus». El niño se curó al instante y el joven se desvaneció.

Bajo semejante dirección divina, Proclus iba estudiando según la inclinación de su propia mente. Su capacidad intelectual era de las más altas. Él mismo sabía que estaba destinado a ser sucesor de Platón.

Viajó a Egipto, estudió con un célebre retórico y luego entró en la escuela de los hierofantes donde fue instruido en los misterios de la religión esotérica. En Alejandría estudió con filósofos griegos, matemáticas con Hero, un hombre de profunda espiritualidad y versado en los misterios de los números. Luego quiso estudiar doctrina aristoteliana con el maestro Olympiadoro, quien se impresionó tanto con las capacidades de Proclus que le ofreció a su hija en matrimonio para que no se alejara de Alejandría. La muchacha era una gran filósofa, por supuesto, pero Proclus, guiado por su mentora divina, continuó preparando su mente en la disciplina platónica.

Habiendo cumplido veinte años, Proclus se fue a Atenas, la ciudad guardiana de la Filosofía, y fue puesto en contacto con Syriano, el sabio más destacado del momento, experto en las doctrinas de Orfeo, Pitágoras y Platón. Luego pasó a estudiar con Plutarco que, aunque estaba muy anciano y ya no aceptaba discípulos, aceptó a Proclus como pupilo y le tomó un afecto tan entrañable que lo invitó a hacer su residencia con él hasta que le acaeció la muerte dos años después. Dejó instrucciones en las que nombró a Syriano su sucesor en la educación de Proclus.

Ya habiendo absorbido los misterios menores, Syriano lo inició en la disciplina sagrada de Platón. De esta manera alcanzó su plena estatura de sucesor de Platón por una progresión ordenada y por los méritos de su propia mente. A los veintiocho años era un reconocido dirigente entre los platonistas y había escrito un gran número de obras, inclusive un sabio comentario sobre el Timeo de Platón.

Proclus no comía carne animal, pero aconsejaba a los demás comerla ocasionalmente para la fuerza física. Ayunaba una vez por mes y celebraba la luna llena con abstinencia, en lugar de festejos como era la costumbre. Era un abogado del sentido común en cuanto a todo lo que se debía seguir con respecto al cuerpo físico. Para los estudiantes de Filosofía recomendaba una dieta liviana, ya que los alimentos pesados, la digestión cargada, interfiere con el despejo mental que se necesita para establecer contacto místico con las divinidades.

Proclus sucedió a Syriano como director de la Escuela Neoplatonista de Atenas, el año 450 A.D. De allí en adelante se dedicó por entero al misticismo platónico.

Los cristianos estaban rápidamente socavando los misterios griegos y el odio que profesaban hacia él los obligó a buscar refugio en Asia Menor. Merinus, un discípulo de Proclus, describe ese odio como «un ataque de buitres». Estuvo en Ley, ya que esto le obligó a estudiar los misterios de la Filosofía de Oriente. Después de un año enriqueciendo su acopio filosófico, Minerva lo mandó regresar a Atenas donde permaneció el resto de su vida.

Proclus era tolerante con todas las religiones. Se unía a todos los ritos y celebraciones de los diferentes dioses. Opinaba que las distintas creencias honraban a los mismos dioses bajo diferentes nombres. Llegó a los setenta y cinco años. Tenía un gran círculo de amigos unidos en una hermandad pitagórica. Murió en Atenas y fue sepultado cerca de su maestro Syriano. Su vida activa la terminó a los setenta años. Su muerte fue anunciada por una serie de perturbaciones celestes incluyendo un eclipse solar. El epitafio de su lápida fue escrito por él mismo. Quiso un entierro sencillo, sin las acostumbradas «lloronas». Murió en el año 485.

La Escuela Platónica de Misticismo cesó como movimiento separado y la corriente de su pensamiento se mezcló con la corriente creciente de la Metafísica cristiana.

«Yo, Proclus, habiendo pagado la deuda a la naturaleza, en el polvo de Lycia he de quedar. El gran Syriano formó mi juventud y me dejó su sucesor en la Verdad. Una tumba en común tienen nuestros cuerpos y en las Planicies Etéricas un común lugar, nuestras dos almas».

Roberto, el monje

Nos ocurre algo extraordinario y es que no sabemos cuál de dos Robertus escoger para decidir quién fue el Maestro Saint Germain. Vamos a relatar lo que se sabe de ambos y tú decidirás el que te parezca más indicado.

El primero de los dos, Robertus de Torigny, monje, nació en el año 1110. Fue prior de Bec primero, luego abad del Mont Saint Michel.

Escribió crónicas históricas que cubrían un período desde el año del Señor 385, hasta el año en que murió, 1186. La historia refiere que sus escritos fueron de gran valor para la historia anglo-normanda, al tiempo que también lo fueron por tratar de asuntos continentales. Es pertinente que este ego pudiera recordar los sucesos de sus dos vidas anteriores: una ocurrida en los años de 303, que coincide con la historia que fechó «385» y la segunda en el próximo siglo, o sea muy cercana a la anterior, y luego, el dato de que era valiosa para la historia anglo-normanda. Albano residió en el suroeste de la isla que, siendo posesión romana, fue invadida por los normandos.

El segundo, Robertus de Auxerre, monje, nació en 1156 y murió en 1211.

El abad del monasterio de Saint Marien, donde ingresó, le exigió que escribiera una historia universal que abarcara el período entre la creación del mundo y el año 1211, año en que esto ocurría.

Robertus de Auxerre se volvió una autoridad de la historia entre los años 1181 y 1211, año en que murió. Después de su muerte otros escritores continuaron su labor, pero la historia de Robertus de Auxerre fue constantemente utilizada por todos los demás historiadores. El manuscrito original se conserva siempre en Auxerre.

El «Hilo de Ariadna» nos dice que es típico del Maestro Saint Germain comenzar algo y convertirse en autoridad de ello. Si este fue nuestro Amado Maestro, algo muy grande debe haber en ese fragmento que hizo encarnar a un ser y vivir sólo cincuenta y cinco años, ¡justo el tiempo para efectuarlo!

Roger Bacon: el monje médico

Conocido por «Doctor Mirabilis», nació en Somerset, Inglaterra, en el año 1294. Grandes cosas venía a hacer el Espíritu del Maestro. Volvía a nacer para actuar en Órdenes Religiosas (nos dice el «Hilo de Ariadna») cuando tenía la Inquisición setenta años actuando y había que poner un contrapeso. Nació en Inglaterra, donde no entró la Inquisición, con toda la intención de defender a capa y espada el desarrollo esotérico que él —en la persona de Proclus— había restablecido en la tradición religiosa. La Inquisición quería a toda costa aniquilar y hacer desaparecer, desacreditando y quemando vivo a todo el que manifestara poseer ni más ni menos que ¡los dones del Espíritu Santo! Tildando de «brujerías» todo lo que no fuere dogma y fanatismo.

Naturalmente, era un muchacho notable por su gran precocidad. Escogió su cuna en el hogar de un rico granjero que le pudiera permitir dedicarse a todo lo que se le antojara estudiar y nació con una gran avidez por los estudios. El granjero, que creyó lograr un hijo varón que llevara el arado, se encontró que le era imposible obligar a su hijo a ninguna otra cosa que no fuera los libros. Lo llevó donde el cura del pueblo

Roger Bacon, el monje médico

quien lo aceptó gustoso, pero pronto se formó tal conflicto entre el padre, el hijo y el cura que Roger se fugó de su casa y fue a refugiarse en un monasterio franciscano en el que pudo entregarse a sus estudios. Con el tiempo los frailes franciscanos lo enviaron a Oxford a completar su educación y más tarde a París.

Entre tantas otras cosas estaba en ley que Roger se interesara en las ciencias ocultas y pronto adquirió grandes conocimientos en magia blanca, como se dice hoy.

Para esto había encarnado el espíritu de Saint Germain y Roger Bacon se dio a conocer por siempre como el Frater del Ocultismo. En compañía de Alberto el Magno, obispo de Ratisbonne, alquimista, cientista y mago, y el tutor de éste, Tomás de Aquino, sabio, logista, severo metafísico y mago, practicaban no solamente la Alquimia sino lo que entonces se llamaba «ciencias experimentales», pero que no eran otra cosa que a lo que hoy se les dice «brujerías», lo cual a su vez consiste en la colaboración de «elementales» del plano psíquico en lo cual eran expertos Moisés y los hierofantes egipcios.

Además de esto Roger Bacon se destacaba en Química, Matemáticas, Astronomía, Metafísica, Biología con especialización en la multiplicación de las especies, en Ingeniería, construcción y ciencias mecánicas por las cuales anunció la posibilidad futura de barcos sin remos, de coches sin caballos, de máquinas para volar que luego fueron un hecho. En Medicina mereció el título de Doctor Mirabilis por su obra *De Mirabilis Potestate Artis et Natura*.

Descubrió los lentes convexos para telescopios y para corregir la presbicia. Su nombre será siempre asociado con la pólvora que ayudó a descubrir. Sus experimentos en la química lo llevaron, por supuesto, a investigar la «Piedra Filosofal», y de allí a la Purificación del Oro y al Elíxir de Vida sólo había un paso. Por efectos de la purificación del cuerpo, con la ayuda de ciertas hierbas apropiadas y un conocimiento de los astros, compuso el líquido que luego (cuando actuó en la corte de los Luises) mencionó como razón de su longevidad.

Roger Bacon era un luchador por la libertad de pensamiento y en una era de tanta ignorancia todas estas cosas eran vistas con profunda sospecha, hasta el punto de terminar con la persecución por los hermanos de su propia Orden, quienes al fin lo echaron a la calle por rebelde y revolucionario. Pero para esto precisamente había encarnado ese ego y se fue a refugiar en París, donde había realizado sus estudios. Sin embargo, allí se encontró bajo un régimen de represión y apeló al papa Clemente IV, quien expresó el deseo de poseer copia de su obra. El fogoso franciscano logró insultar a todo el mundo inclusive a Alberto el Magno y a Tomás de Aquino a quienes catalogó de ignorantes e iletrados en Filosofía y Metafísica, como también a sus confraternos los franciscanos y los dominicos. ¡No en vano es nuestro Patrón y Avatar de la Nueva Era!

Después de tanta conexión con órdenes y países de lengua latina ya no escribía en otro idioma que en latín y, a pesar de grandes problemas económicos, logró terminar sus obras: «Opus Majus», «Opus Minus» y «Opus Tertium». Estas encontraron favor con Clemente IV y le fue permitido regresar a Oxford para continuar sus estudios científicos. Allí escribió un compendio de Filosofía en el cual manifestaba el error entre las relaciones de la Filosofía y la Teología lo cual desagradó tanto a las autoridades eclesiásticas que lo encarcelaron y le quemaron todos sus libros.

En relación con su tiempo, el nivel intelectual de Roger Bacon era de suma altura. Él fue el primero en propugnar que la observación y la experimentación eran indispensables para alcanzar conocimientos científicos en las Ciencias Naturales, o lo que es lo mismo, que no se pueden estudiar los fenómenos psíquicos (léase magia y brujería, espiritismo, etc.) sin experimentarlos.

En una ocasión estaba el rey visitando a un noble señor de Oxfordshire y, sabiendo la fama del monje Bacon, el rey expresó el deseo de conocerlo. El señor del castillo envió un mensajero a buscarlo a Oxford. Roger asintió y le dijo al mensajero: «Salga usted adelante y anúncieme, aunque mejor le predigo que yo llegaré antes que usted donde el rey». El mensajero se rió y le hizo la apuesta que él llegaría pronto, ya que no eran sino apenas unas cinco millas. Sin embargo, salió de inmediato y el monje poco después.

Roger llegó donde el rey, quien le dio la bienvenida y le pidió que le diera a él y a su corte una manifestación de sus habilidades. Roger aceptó cortésmente y le contestó al rey:

—Le daré gusto a varios de vuestros sentidos, majestad.

Diciendo lo cual sacó una varita llamada «de virtud», e hizo unos movimientos en el aire. De pronto se oyó una bella música que venía del éter. Haciendo otros gestos hizo aparecer un grupo de bailarines quienes formaron un precioso ballet al son de la música. Bacon volvió a gesticular y se esparció un delicioso perfume por todo el ambiente.

Desapareció el cuerpo de baile y apareció una mesa colmada de los más deliciosos manjares. Comieron todos los personajes presentes y Bacon se dirigió al rey para saber si aún deseaba ver algo más de su magia. El rey se mostró satisfecho y le instó a que pidiera algún favor a su vez. Roger le contestó que no deseaba otra cosa que encontrar el favor de su rey. Éste le aseguró el amor de su corte y el de él mismo y le hizo el don de una preciosa joya.

Al darle las gracias, Bacon le comentó: «Al que no veo aquí es al mensajero por el que su majestad envió a buscarme». Todos los cortesanos comenzaron a buscarlo por todas partes con la mirada, y de pronto uno de ellos exclamó que allá lo veía venir. Se presentó en efecto el mensajero, pero tan destartalado y tan molesto que al ver a Bacon le lanzó una imprecación de ira. Para apaciguarlo Roger le dijo: «Tengo una manifestación especial para usted, amigo, mire...», y diciendo levantó uno de los cortinajes del salón y detectó una de las ayudantes de cocina, cucharón en mano y asustadísima por haber sido descubierta.

—Pero —agregó Bacon— como no estoy a punto de saber cómo anda usted de dinero, voy a hacerle el favor de costearle el viaje hasta su casa a esta amorosa chiquilla— y desapareció la muchacha.

Esto es una muestra de los espectáculos que gustaban en aquella época, y que practicaban los trovadores y actores de la Edad Media. Se lograban con la colaboración de los Elementales del plano astral, o psíquico, pero acarreaban un gran peligro y es que una vez que se le abre la puerta a los Elementales es muy difícil desalojarlos y que regresen a su plano. Por esta razón perduraron tanto tiempo los encantamientos de castillos, los aparecidos en lugares muy antiguos; donde quiera que se hablaba de una casa encantada, o de cuentos de aparecidos, de fantasmas, o de personas que «vendían su alma al diablo» u otros favores, sucedía porque había habido espectáculos y ocurrencias en esos lugares. Aquellos Elementales, a quienes se les abría la puerta astral, no querían volver a ir del plano físico. El «diablo» no era sino un Elemental que se presentaba en forma y con aspecto terrorífico que ofrecía todas las maravillas para engatusar a los incautos con el fin de que se le abrieran de par en par las puertas del plano físico.

Tal es el relato de un caso típico en que actuó fray Roger Bacon. Un hombre estaba acribillado de deudas y un Elemental trajeado de diablo le ofreció grandes sumas de dinero para salvarlo, siempre que le prometiera entregarle su alma después de haber pagado todas sus deudas. Como era de imaginar, el hombre pagaba y pagaba, pero no tenía ninguna prisa de terminar de liquidar todas sus deudas. Llegó al fin el momento en que no podía hacer esperar más tiempo a sus acreedores y su desesperación era tal que iba a quitarse la vida cuando fray Bacon le detuvo la mano y le preguntó el motivo de aquello. El hombre le refirió los hechos y el monje le contestó:

«Vaya al lugar de la cita con el diablo, pero niegue todo lo que él le reclame. Si continúa reclamándole, insista en nombrar a un juez, y sobre todo insista en que sea el primer hombre que pase por allí».

El hombre procedió tal como se le había dicho, y cuando el diablo insistió diciéndole: «Tu alma me pertenece ahora y yo insisto en que me la entregues», el hombre repuso: «Yo insisto en que interfiera un juez. Vamos a detener el primer hombre que pase por aquí».

«Muy bien», repuso el diablo, y esperaron unos minutos. Pasó fray Bacon, como lo esperaba el hombre, y deteniéndolo le explicó la situación. El diablo también le dirigió la palabra a fray Bacon diciéndole: «La condición era que una vez terminado de pagar a sus acreedores me pagara a mí, entregándome su alma. El tiempo ha expirado. Ya ha pagado todo».

El monje contestó: «Está claro como el día, siempre que sea verdad que ya pagó todas sus deudas».

«Pregúnteselo a él mismo», dijo el diablo. El hombre convino en que eso era la verdad. Entonces fray Bacon continuó: «Dígame, buen hombre, ¿usted no le ha entregado nada aún al diablo?».

«Nada, señor».

«Entonces —contestó el monje— no le dé usted ni un centavo y quedará libre. El convenio fue —dijo dirigiéndose al diablo— que usted respetaría a este hombre mientras debiera algún dinero. Pues entonces, ¿cómo va usted a molestarlo si le debe a usted todo lo que le entregó? Yo le ordeno a usted que desaparezca ¡por la Santa Cruz!».

El diablo desapareció en un relámpago y el fraile, volviéndose al hombre, le recomendó que jamás le pagara un centavo al diablo.

Poco a poco se fueron arrepintiendo las gentes por haber inmiscuido a los Elementales en asuntos del plano físico y se fue regando la especie de que «traía mala suerte» aquello de invocar a los espíritus en el llamado «Espiritismo».

Almas valientes y estudiosas como la de nuestro Amado Maestro se encargaron de enseñar la Verdad a través de los tiempos.

El monje Roger Bacon estuvo encarcelado durante catorce años. Fue al fin puesto en libertad, pero murió a los dos años, en el 1294.

Christian Rosenkreutz

Nació en el año 1378 y murió en el año 1484. Alemán, noble, huérfano, fue educado en un monasterio donde aprendió el latín y el griego.

La religión de Cristo estaba siendo muy mal entendida y pésimamente enseñada. Evidentemente, el Adepto venía a enderezar esa carga. A los diecisiete años se fue del monasterio en compañía de un fráter y viajaron a Damasco, Jerusalén, Arabia, Egipto, Marruecos y España.

Para gran pena de Christian, su fráter murió en Chipre. Sin embargo, resolvió continuar viaje solo. Llegando a Damasco se enteró de un círculo secreto de teósofos que habitaban la ciudad de Damcar. Se encaminó hacia ésta dirigido por ciertos árabes. Llegó el día de su cumpleaños. Fue recibido graciosamente y le fue anunciado que hacía tiempo que se le estaba esperando. Para comprobarlo los hermanos le refirieron varias escenas de su vida. Eran expertos en las artes mágicas y el joven decidió permanecer con ellos.

Procedieron de inmediato a iniciarlo en ciencias ocultas. Aprendió el idioma árabe y tradujo el libro «M» al latín. Después de tres años de instrucción mística y de acuerdo con las instrucciones de los hermanos, dejó la ciudad misteriosa y se trasladó primero a Egipto y luego a Fez. Allí se conectó con otros maestros que le enseñaron la mejor forma de invocar a los espíritus elementales. Terminado su período iniciático en Fez, a los dos años se trasladó a España donde intentó convencer a los doctos del error en que se hallaban, pero los eruditos se rieron de él y le participaron que ellos habían aprendido las «artes negras» con un maestro muy superior a él, o sea, con el propio Satanás en la Universidad de Salamanca.

Lleno de noble indignación se sacudió el polvo de España y fue a otros países donde lamentablemente encontró el mismo trato. Al fin se refugió en su país de origen y permaneció allí recluido en la soledad, escribiendo.

Después de cinco años de una vida de ermitaño resolvió que el que ha logrado alcanzar la transmutación de los metales y la manufactura del elixir de vida, sin duda, estaba destinado a un más noble propósito que el de rumiar en la soledad. Por lo menos ésas eran las opiniones de los que lo rodeaban. No sabemos las disposiciones de la jerarquía cósmica que lo dirigía.

Poco a poco reunió en su contorno los miembros que iban a formar la Orden Rosacruz. Cuando el número llegó a cuatro hermanos, inventaron un lenguaje mágico y un diccionario colmado de la sabiduría oculta titulado *Todo lo que el hombre pueda desear, pedir y esperar*. Tradujo al latín la sabiduría de Salomón, de Moisés y de Enoch, y fundó la primera de las sociedades de la Rosa Cruz que fue llamada «La Casa de Sanctus Spiritus».

Cuando ya eran ocho hermanos decidió separarlos para que recorrieran mundo fundando capítulos de la Orden en ocho diferentes países. Convinieron en que la Orden debería permanecer secreta durante cien años.

A su tiempo Christian Rosenkreutz murió y fue sepultado en una de las casas secretas de la Orden. Los miembros originales desaparecieron y no fue hasta la tercera generación de sucesores, durante una reparacion, cuando apareció la tumba en una cripta oculta. Estaba inscrita con caracteres mágicos y, según la historia de la Orden, «Iluminada con el Sol de los Magos». El cuerpo se encontraba en perfecto estado de conservación, como ocurre con todo iluminado cuyas células limpias se llenan de luz, y por lo tanto no pueden corromperse. En el sarcófago había documentos de gran valor para la Orden que esclarecían las confusiones que estaban molestando a los diferentes capítulos, los cuales alegaban que el tal Christian Rosenkreutz era seguramente un impostor o un símbolo, ya que cada capítulo se considera la

Casa Original. Uno de los documentos disponía la divulgación de los propósitos de la Orden por medio de una circular invitando a la iniciación a toda persona preparada y sincera.

En el año 1614 los filósofos y alquimistas del pueblo de Cassel en Alemania fueron sorprendidos por la publicación de un panfleto circular que llevaba el título de Fama Fraternitates, u opinión fraternal de la Meritoria Orden de la Rosa Cruz, dirigida a los eruditos en general y a los cabezas de Gobierno de Europa

Era un mensaje de algunos Adeptos anónimos profundamente perturbados por la condición de la humanidad, y que ansiaban su regeneración y su perfeccionamiento. Proponía que todos los hombres sinceros se unieran para establecer una síntesis científica para encontrar el sistema perfecto para el desarrollo de las «artes» (ocultas). Abogaba por la terminación de todas las discordias y conflictos entre los intelectuales de la época, y también la disolución de las autoridades con sus teorías anticuadas. Hacía énfasis sobre el hecho de que, así como la religión había sido reformada y aseada, igual destino le correspondía ahora a la ciencia. Proponía que todo esto fuera dirigido por una Hermandad de Iluminados, Hijos de la Luz, que habían sido iniciados en los misterios del Oriente por un alto miembro de la Jerarquía de Adeptos y estaban capacitados para llevar la era a su perfección. Esta circular tuvo siete ediciones en tres años.

Christian Rosenkreutz trabajó con los alquimistas Jacob Boehm, Goethe y Wagner, todos movidos por el mismo espíritu que repudia la religión ortodoxa, que huyen de los dogmas y la esclavitud, y vienen a implantar la libertad de los hijos de Dios en alguna forma nueva.

Los hermanos de la Orden Rosacruz admitían que el espíritu del fundador estuvo en continuas existencias físicas, tomando un cuerpo nuevo cada vez que sus vehículos habían perdido su utilidad, o para cambiar el campo de sus actividades, lo cual concuerda con la comunicación del Maestro Saint Germain respecto a su ocupación de más de cuarenta «Cuerpos Prestados».

Sir Francis Bacon

La historia lo declara hijo de sir Nicolás Bacon y lady Anne Cooke, pero las murmuraciones de la corte anunciaron que había nacido hijo de Isabel I de Inglaterra y del favorito de los favoritos, sir Robert Dudley, conde de Leicester.

Francis Bacon nació en el año de 1561 y hay que recordar, primeramente, que el año anterior, o sea en 1560, la reina y Dudley hicieron varios intentos de unirse en matrimonio secretamente. Todos los intentos fracasaban porque la reina dejaba de acudir a las citas clandestinas. En la última de éstas, habiendo ella prometido solemnemente que acudiría, Dudley se cansó de esperar, y ya cayendo la noche despidió al juez y se disponía a retirarse cuando llegó la reina. Se había apresurado únicamente para decirle a Dudley que la disculpara, pero que inconvenientes insuperables de la corte le habían impedido cumplir su palabra y lo habían estropeado todo.

La reina entró al coche blindado de cortinajes y juntos desaparecieron en la noche. Al día siguiente, como si tal cosa, la reina recibía en su despacho los asuntos de su reino, pero a los pocos meses «surgió»

Sir Francis Bacon

la estratégica moda del talle puntiagudo y rígido como una tabla que bajaba del pecho, entre voluminosos «polissons» de cada lado y sobre las caderas, todo atrevidamente diseñado como para disimular un embarazoso embarazo.

La reina, al fin y al cabo, había desistido de toda idea de matrimonio. Isabel valoraba demasiado su derecho de reinar a su antojo y sin interferencias, y continuó apodándose «la Reina Virgen». Para poder continuar esta farsa (en la hipótesis de que el niño Francis fuera de ella), había que entregarlo en adopción a algún cortesano. Más adelante veremos cómo todo iba comprobando la verdad, la Verdad que siempre está a la vista del que «tenga ojos para ver».

Francis Bacon nació, pues, en el año 1561, como quien dice, por esos mismos días. Resultó ser lo que tenía que ser, un muchacho excepcionalmente inteligente. Entró a la Universidad de Trinity a los doce años de edad y a Cambridge tres años después. No había cumplido los dieciséis años cuando ya le había tomado aversión a la filosofía de Aristóteles. La encontraba estéril y desprovista de todo lo que pudiera beneficiar prácticamente la vida del hombre.

Al terminar en las universidades, los señores Bacon lo enviaron a París bajo la tutela del embajador inglés, para estudiar política y diplomacia. Allí se interesó en la ciencia experimental y emitió un concepto radicalmente nuevo sobre el objetivo del saber humano, y expresando que en la antigüedad el único fin era el de descubrir nuevos argumentos verbales en cuanto que la ciencia moderna buscaba vencer y dominar la naturaleza arrancándole sus secretos, no por medio de eternas palabrerías, sino por la experimentación, la unión de la teoría y la práctica, el conocimiento y la técnica. Como verás, era el mismo objetivo que lo impulsaba a través de todas sus vidas. Comenzaba ya a escribir su magna obra, *Instauratio Magno de Dignitatis Scientiarum* destinado a devolverle al hombre su autoridad sobre la materia. El «Hilo de Ariadna» nos sigue señalando el temperamento del Adepto en su costumbre de producir todos sus escritos en latín, y en su empeño de llevar a la humanidad a dominar y a libertarse de toda atadura y represión.

La muerte de sir Nicolás Bacon lo obligó a regresar a Londres donde encontró que el testamento de su padre le adjudicaba la parte flaca del «hijo segundón» y lo forzaba a ganarse la vida. Se entregó al estudio jurídico.

Francis Bacon pasó veinticinco años de su vida a la sombra de Lord Burghley, tío de él por parte de su madre, quien lo obstaculizaba y lo humillaba sistemática y constantemente, en forma tan marcada que daba a pensar que le había sido entregada la tutela del joven para que lo mantuviera, no solamente vigilado, sino dominado y reprimido. Todos los intentos de Francis para lograr su situación apropiada en la corte fueron infructuosos. Se diría que la reina Isabel no tenía otro empeño que el de mantener alejado y olvidado aquel vástago de un pasado desafortunado. Al fin, tal vez forzado por las habladurías cortesanas y las suposiciones desfavorables para la reina y su agente Burghley, éste le obtuvo un asiento en el Parlamento, pero toda idea de que pudieran aprovecharlo como instrumento dócil fue disipada. Lo primero que hizo el joven fue colocarse en la oposición contra una petición real que surgió. Esto, por supuesto, produjo la desaprobación de la reina y del tío Burghley, y no hubo más favores.

Sin embargo, resultaba casi imposible reprimirlo, ya que los múltiples talentos de Francis, sus trabajos científicos y literarios, aún en los momentos de mayor lucha contraria, engrandecían su reputación. En 1605 publicó su *Avance del Conocimiento Divino y Humano* que constituía la primera parte de su *Instauratio Magno*, el cual iba a dar al mundo un nuevo sistema de aprendizaje y pedagogía.

Con Francis Bacon comenzó otra vez la Edad Moderna de la Filosofía. Al Organon de Aristóteles, él opuso su Novum Organum. Así como Proclus había restaurado el Neoplatonismo, Francis Bacon hizo renacer por cuarta vez en la historia del intelecto humano el Platonismo y el Neoplatonismo, libertando los intelectos de su tiempo de las discordancias de las teologías aristotelianas. Lord Bacon era Rosacruz. Llegó a ser *imperator* de la Orden.

La *vox populi* continuaba murmurando acerca de Francis Bacon y se aseguraba que las comedias habilísimas que lanzaba un tal William Shakespeare no eran sino de Francis Bacon.

El que firmaba las obras, o sea el William Shakespeare que en ellas aparece, era hijo de un granjero de Stratford-on-Avon. No era exactamente un campesino ya que había desempeñado algunos cargos municipales en dicho pueblo, pero tampoco era persona que pudiera dispensarle a su hijo la suficiente cultura para que éste se expresase en los términos poéticos y eruditos del teatro shakespeareano. Tampoco podría el hijo del granjero conocer la vida cortesana y nobiliaria, ni mover en ella sus personajes con la familiaridad y soltura que evidencian las mencionadas obras.

El William Shakespeare que firmaba las obras se ganaba la vida trabajando de portero en un teatro. Algunas veces, y debido a una emergencia, desempeñaba algún papel insignificante. No es difícil deducir que Francis Bacon aprovechara la amistad para llevar sus obras al teatro a través de este canal. Son treinta y pico de piezas que traen a la atención una situación humana o social por las cuales siempre trabajó el Adepto, y por él, Francis Bacon. Treinta y pico de obras que manifiestan una continua corriente de la «Ley de la Vida» que hoy conocemos tan bien. Además, ha sido revelado por los Hermanos Mayores en Metafísica que las obras teatrales de Shakespeare contienen no menos de 500 acrósticos del nombre «Francis Bacon» y también un código cifrado aparece en una de las obras, el cual divulga la instrucción interior de una escuela iniciática de la cual Francis Bacon era miembro. Sea dicho de paso que este señor es autor de un Código Cifrado que es aún hoy en día la autoridad mundial.

A la muerte de la reina Isabel de Inglaterra ascendió al trono el rey James I, lo cual desalojó automáticamente la resistencia contra Francis Bacon y éste fue nombrado procurador. De allí, a fiscal de la corona, a Lord Guardián del Sello Real, y de allí a Canciller, todo en menos de once años, además de que simultáneamente le fue otorgado el título de Lord Verulam y tres años más tarde el de vizconde Saint Albans. (¡Oh, Ariadna!).

Los envidiosos andaban muy industriosos. Lo atacaron, lo calumniaron y lograron encarcelarlo en la Torre de Londres. Bacon era defensor de la política del rey y los amigos que habían servido a Isabel hubieran preferido verlo en el mismo plano humilde en que ella lo había mantenido. El rey lo liberó y lo exculpó, pero Bacon se retiró a la vida privada donde continuó escribiendo su *Instauratio Magno* y las comedias de condiciones sociales que había que corregir.

El «Hilo de Ariadna» nos lleva hasta la Iglesia de San Miguel de Verulam, en la catedral de Saint Albans, donde se dice que fue enterrado el cadáver de Francis Bacon, pero que la murmuración asegura que no existe ¡ni jamás existió un cuerpo en esa tumba!

En un plano de conocimiento mucho más profundo vamos a comentar la encarnación del Adepto en el cuerpo de Francis Bacon.

Primeramente, todo niño trae en sus electrones estampado un número o la frecuencia vibratoria; es decir, su ecuación. Esta rata vibratoria se repite en los sonidos que componen su nombre y apellido. Para nada cuenta la «coincidencia» en el nombre que la madre desee ponerle al niño. Es su vibración la que se graba en la mente de la madre y la obliga a escoger el nombre que le corresponde a ese niño en esa encarnación. Si por alguna circunstancia el nombre es cambiado por el padre, o los familiares, el niño sufre y sufrirá toda su vida de múltiples tropiezos, de frustraciones y desarmonías entre su sendero y su carácter o temperamento. A veces constituye esto un grave atraso para el individuo. Con frecuencia la persona se cambia de nombre y logra restituir su encarnación al carril que lo corresponde para cumplir su destino.

Las fuerzas electrónicas no saben nada de eso que en la tierra llaman «condiciones morales» o «moralidad». Sólo la Ley de Atracción gravita o actúa para llevar las cosas a su punto de armonía. Si al ego inferior de Francis le correspondía nacer en la mujer más destacada, en el imperio más poderoso de la Tierra, se le originó un cataclismo al imponerle un descenso vibratorio con el nombre Bacon, el cual había llevado tres reencarnaciones anteriores. No se puede repetir un paso ya superado sin traer al presente condiciones indeseables, de las cuales el ego se ha graduado ya. Espiritualmente, intelectualmente, Francis cumplió lo que venía a hacer. Físicamente sufrió un constante trastorno hasta el punto de tener que regresar a Verulamium y al nombre de Saint Albans que le había correspondido tantos siglos antes.

Ha podido ser rey de Inglaterra, el primer rey metafísico y haber cambiado el giro de toda la Tierra de allí en adelante, lo cual es posible que fuera la intención del Adepto, quien tuvo luego que volver casi sin treguas. Estos trastornos ocurren más a menudo de lo que creemos posible. Muchas veces la máxima aquella

«El hombre propone y Dios dispone» se convirtió en «Dios propone y el hombre dispone» haciendo de las suyas, «metiendo la pata» en su espantosa ceguedad y, con infinita paciencia, los maestros y los avatares enderezan y ajustan las cargas torcidas más allá de la Ley, si fuera posible.

¿Quién es el Maestro Saint Germain?

Como ya hemos dicho, el maestro ha tenido otro ascenso últimamente. Después de haberle entregado a la Tierra el inmenso recurso de la Llama Violeta Transmutadora, don supremo que libera del karma, del «purgatorio» de los castigos que los hombres se proporcionan ellos mismos, de toda energía mal calificada y de toda «creación humana», por Ley del Círculo, el maestro recibió su «merecimiento», el cual ha sido en este caso el título de El Dios Libertad.

El que fue Maestro Saint Germain dijo en una comunicación anterior: «Mi nombre se desintegró con mi pasado...» y hoy ha dicho: «**Yo Soy** el sol de la Libertad y es mi gran privilegio expandir la causa de la Libertad en el plano Tierra».

El Dios Libertad no fue un terrícola. Es originario del planeta Urano. Los uranianos son andróginos. No se dividen en Llamas Gemelas ni en Complementos para evolucionar separadamente. La relación de la Diosa Portia con respecto al Dios Libertad es la de una Poderosa Asistencia en las Grandes Ceremonias Cósmicas.

El Maestro Ascendido Saint Germain

El iluminado escritor esotérico David Anrias, en su libro *Adeptos de los cinco elementos*, da la explicación de eso que suele llamarse «el caos moral de estos tiempos», o sea la situación que prevalece en la juventud, consumo de drogas y homosexualidad. Brevemente, la influencia uraniana lleva a cada humano a buscar intensamente su polo opuesto en su propio ser interior. Momentáneamente, mientras se limpie la humanidad de la acumulación de energía destructiva que la cierne, impidiéndole ver la Verdad; mientras ella busque su Todo exteriormente, ella interpretará esa influencia uraniana que ella siente, pero que no comprende en términos de que el polo opuesto radica en otro ser, con preferencia en un ser de su mismo sexo, en lugar de encontrarlo *dentro* de sí. Andando la era, y como ya se ha dicho, al ir quedando limpio del efluvio negativo, la humanidad irá viendo clara la Verdad del ser.

En cuanto al problema de las drogas, como el planeta Urano es de un gran adelanto, la Tierra siente su atmósfera luminosa ya que vamos girando rápidamente hacia su órbita. Sus vibraciones estimulan la imaginación, y sobre todo el deseo de trasladarse a un «más allá» de ensueño y maravillas. Las drogas producen la ilusión de ese «viaje». La juventud, siempre precipitada, irreflexiva, cree que ése es el camino corto hacia la verdad y se lanza atolondradamente sin darse cuenta de que la droga forma una necesidad imperiosa en el sistema, cada vez más imperiosa, que lleva a la ruina y las tinieblas y anula la fuerza de la voluntad.

Para proceder a la Iniciación de la Tierra en su nuevo plano en la órbita de Urano y la vecindad de Venus habría que consumir y disolver el efluvio de energía mal usada y que cubre la Tierra como un palio. Los dirigentes planetarios dieron la orden de permitir el uso de la Llama Violeta Libertadora, en la persona del director del Rayo Séptimo, el Ascendido Maestro Saint Germain.

La salvación de la juventud y de una gran mayoría de seres humanos mayores depende de que sea consumida y disuelto el efluvio que hemos mencionado, pues el olvido de lo que somos en realidad, primeramente, y luego la continuada ignorancia de nuestra verdad espiritual se debe a ese velo que nos impide la videncia de las Glorias que son nuestras por derecho. Deberíamos estar viviendo en la eterna juventud y belleza, la eterna felicidad, sin problemas ni males de ninguna clase, siempre progresando en el Reino del Padre, y estamos estacionados porque no vemos otra cosa que lo que nos rodea en el plano físico.

Es en vano que los dirigentes planetarios, los maestros ascendidos, las huestes cósmicas y angélicas estén preparados para derramar todos los fluidos, toda la luz que nos sea necesaria para ascender nuestro planeta, si nosotros no abrimos la puerta para que entren. El permiso tiene que venir de nuestra octava. Si no viene, ni Dios mismo puede intervenir porque no puede romper su propia Ley del Libre Albedrío.

Este librito ha sido hecho con el fin de revelar todo lo que se ha esforzado el Maestro Saint Germain para irnos llevando hacia el punto culminante de la ascensión, la Iniciación del Planeta, ya que aquellos que no se encuentren en estado de limpieza suficiente para convivir con sus hermanos en la órbita de Urano y la proximidad de Venus serán retrogradados a un planeta infrahumano.

Hagamos lo que está a nuestro alcance para ayudar a limpiar el efluvio, hermanos. Hagamos lo siguiente tres veces diarias por espacio de cinco minutos: «en el nombre de la amada presencia **«Yo Soy»** invoco la llama violeta libertadora a que envuelva y encienda a todo electrón que compone el planeta tierra y todos sus habitantes encarnados y desencarnados, hasta que todo y todos sean puros y radiantes. Gracias, Padre, que me has oído».

Visualicen la Llama Violeta envolviendo primero nuestro propio cuerpo, luego nuestra casa, nuestro barrio, nuestra ciudad, nuestro país, nuestro continente y nuestro planeta entero. Ayudemos a salvar a nuestra juventud y a nuestros hermanos. ¡Qué la luz te envuelva!

Fin

Bibliografía

- *Gentleman's Magazine*, Londres, 1745.
- *Music Chronicle*, Londres, 1746.
- *Cartas de Horace Walpole*, Archivos de Holanda, 1760.
- *Weekly Journal*, London, 1760.
- *Chateau de Chambord*, Archivo Nacional de Blois, 1760.
- *Affaires Étrangers*, París, 1760.
- *Memoires Anecdotiques de Louis XV*, London Chronicle, 5 de junio, 1760.
- *Memoires de la Comtesse de Gergy*, 1765.
- *Graff Saint Germain*, Oettinger, 1940.
- *Remarkable Adventures and Unrevealed Mysteries*, L. Wrexall, Londres, R. Bentley, 1163.
- *Obras Completas de Voltaire*, Firmin Didot, París, 1877.
- *Memoires de Mme. de Hausset*, Firmin Didot, París, 1877.
- *Historical Mysteries*, Andrew Lang, 1904.
- *Secret Societies*, Una Birch, Londres, 1911.
- *Memoires de Mme. de Genlis, Camarera de Pompadour*, París, 1928.
- *La Marquise de Pompadour*, París, 1938.
- *Le Comte de Saint Germain*, París, 1938.
- *Memoires Authentiques, de Cagliostro*.
- *Correspondance de Grimm et Voltaire*.
- *Foreign Affaires, Carlos de Villermont and le Comte de Cobenzle*, Londres.
- *A Stranger Passed*, Catherene Christian, 1960.
- *Roger Bacon, Marvellous Doctor*, Lian: Brophy, 1963.
- *El Enigmático Conde de Saint Germain*, Piérre Cería y François Ethuim, 1972.
- Phylosophical Research Society, 3341 Griffith Park Boulevard, Los Ángeles, 27, California, Estados Unidos.
- *L'Inconstanza Delusa*, música del Conde Saint Germain, misma dirección.
- Castillo Rakoczi, dirección: Patoka y Makovica, Montes Cárpatos, Transilvania, Rumania.

Colección
Metafísica 4 en 1

Aunque muchos libros han sido escritos basados en las *Leyes del Pensamiento*, muy pocos son los que combinan estas leyes con la Verdad Espiritual.

Es precisamente esta combinación lo que constituye una renovación para el lector no especializado. La *Colección Metafísica Conny Méndez* le ayudará a tomar el control de su vida, le enseñará a manejar su inmenso poder interior y lo guiará a través de canales constructivos mientras que la salud y la prosperidad se incrementarán visiblemente.

Conny Méndez siempre creyó que las verdades espirituales, filosóficas y metafísicas debían ser expuestas con las palabras más claras y sencillas, de manera que hasta un niño pudiera comprenderlas. De allí que la autora haya intentado, tanto como le fue posible, evitar el uso de una terminología técnica especializada. Por esa razón nunca empleó una palabra de tres sílabas donde cupiera una de dos. Indudablemente, es otro motivo que explica el creciente e imparable éxito de esta poderosa *Colección Metafísica* que la autora nos dejó desde hace aproximadamente cincuenta años y que hoy sigue más vigente que nunca.

He aquí, pues, cómo los libros de Conny Méndez han capturado los corazones —y las almas— de millones de lectores de Metafísica en Latinoamérica, España, en la población de habla hispánica de Estados Unidos, así como de cientos de miles de lectores en naciones no hispanoparlantes que han comprobado que, en efecto, *la fe mueve montañas*.

Los editores

Volumen I

12 x 17 cmts., 336 pgs.
ISBN: 978-980-6329-47-8

Volumen II

12 x 17 cmts., 320 pgs.
ISBN: 978-980-6114-09-8

Volumen III

✔ *Nuevo*

12 x 17 cmts., 320 pgs.
ISBN: 978-980-369-099-1

E-books y audiolibros disponibles en www.metafisica.com

2ᵈᵃ Edición

El Libro de Oro de Saint Germain

Esta es la Sagrada Enseñanza que el Maestro Ascendido Saint Germain ha dispuesto para esta, Su Era de Oro, y que forma el Tercer Ciclo de Enseñanza de la Hermandad Saint Germain, después de lo cual el discípulo queda en conocimiento pleno de su Presencia «Yo Soy».

El *Libro de Oro de Saint Germain* - Traducción y adaptación original de Conny Méndez. Título original en inglés: *The "I Am" discourses* por el Ascendido Maestro Saint Germain.

Formato 12 x 17 cmts. 320 pgs.
ISBN: 978-980-6114-85-2

2ᵈᵃ Edición

Misterios Develados

Esta serie de libros está dedicada con el más profundo Amor Eterno y Gratitud a nuestro amado Maestro Saint Germain, la Gran Hermandad Blanca, la Hermandad del Royal Teton, la Hermandad del Monte Shasta, y a aquellos Maestros Ascendidos cuya ayuda amorosa ha sido directa e ilimitada.

El propósito de poner este libro en manos del público es para comunicarle al individuo el valor y la fuerza que ha de sostenerlo a través de este período de transición en que vivimos.

Misterios Develados - Traducción y adaptación: Conny Méndez. Título original en inglés: *Unveiled Mysteries* por Godfré Ray King.

Formato 12x17 cmts. 272 pgs.
ISBN: 978-980-6114-10-4

2da Edición

La Mágica Presencia

Esta serie de libros está dedicada con el más profundo amor y eterna gratitud a nuestros amados Maestros Ascendidos, Saint Germain, Jesús, Nada, El Gran Divino Director, nuestro Amado Mensajero Ascendido, Guy W. Ballard, la Gran Hermandad Blanca, la Hermandad del Royal Tetón, la Hermandad del monte Shasta, los Grandes Maestros Ascendidos de Venus, los Grandes Seres Cósmicos, la Gran Hueste Angélica, La Gran Luz Cósmica; y todos aquellos otros Maestros Ascendidos, cuya ayuda amorosa ha sido directa y sin límites.
La Mágica Presencia - Continuación de Misterios Develados. Traducción y adaptación: Conny Méndez. Título original en inglés: The Magic Presence por Godfré Ray King.

Formato 13.3 x 20.0 cmts. 288 pgs.
ISBN: 978-980-6114-15-9

2da Edición

Metafísica al alcance de todos

El presente libro está escrito en lo que esta autora llama *Palabras de a Centavo*; es decir, en los términos más sencillos para que sea comprensible al que necesita conocer la Verdad de Dios y que no tiene conocimientos para poder digerir los textos de psicología y metafísica, tal como están escritos en castellano. Lleva contigo un ejemplar de este libro. Reléelo a menudo, sobre todo cada vez que se te presente un problema; cada vez que te enfrentes a una situación angustiosa o molesta. Te va a ocurrir algo asombroso y es que el libro se abrirá en la página que te conviene consultar, y pensarás: ¡*Parece que esto fue escrito para mí*!

Formato 13 x 20 cmts. 112 pgs.
ISBN: 978-980-369-23-6

E-books y audiolibros disponibles en www.metafísica.com

 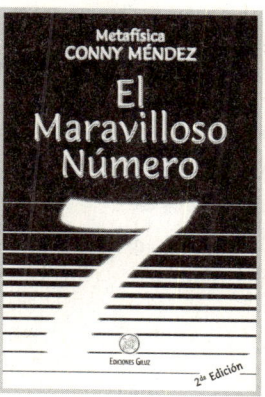

2da Edición   2da Edición

Te regalo lo que se te antoje

El Secreto lo descubrió Conny Méndez hace más de 50 años y escribió este libro con su tradicional estilo positivo, buscando la prosperidad y sin olvidar lo más importante: el contenido espiritual. *Te Regalo lo que se te Antoje* (Caracas, 1969) no es otra cosa que el mismo secreto, sintetizado y adaptado para el idioma castellano, en palabras *de a centavo*, como ella solía decir, que responderá a muchas necesidades del ser humano.

Para comprender las enseñanzas de la Nueva Era y obtener plenamente los beneficios que ella encierra, se recomienda leer este pequeño libro donde se explica la forma correcta de orar en la vida, el Amor, el Dinero, la Vida, la Muerte, la Voz de tu Alma entre otros.

Formato 13 x 20 cmts. 160 páginas.
ISBN: 978-980-369-083-0

El Maravilloso Número 7

El número siete simboliza el estado de totalidad e indica que se ha superado una etapa especial. Todo en la Creación recorre siete etapas de actividad y luego viene automáticamente un momento de descanso. El siete es un punto final para luego comenzar una nueva serie de siete pasos. Siete son los colores de nuestro prisma, los sonidos musicales, los días de nuestra semana, los dones del Espíritu Santo, los meses de gestación para sobrevivir, las edades del hombre para lograr su madurez, autoridad y libertad.

Ahora les presentamos en este libro algunos otros *Sietes* poco conocidos, pero muy importantes para el estudiante para su desarrollo espiritual y su evolución en este Sistema.

Formato 13 x 20 cmts. 160 pg..
ISBN: 978-980-369-098-4

E-books y audiolibros disponibles en www.metafisica.com

2ᵈᵃ Edición
Piensa lo Bueno yse te Dará

*E*l contenido de esta obra es un mensaje positivo para la humanidad. La sencillez del tema inclina al lector a que asuma su éxito o su fracaso dependiendo, sin duda alguna, de la visión que posea de sí mismo y del mundo que lo rodea.

Las verdades más profundas pueden ser perfectamente comprendidas por toda persona mayor de diez años, siempre que le sean presentadas en lenguaje sencillo y en una forma que puedan aplicar a su vida diaria.

2ᵈᵃ Edición
El Nuevo Pensamiento

*E*sta publicación es una recopilación de las nueve revistas con el mismo nombre cuya directora y autora fue Conny Méndez en la década de los años 70. Es una lectura muy interesante para los estudiantes de Metafísica porque en ella se encuentran temas sumamente variados. Todo el empeño de lo que divulga el Nuevo Pensamiento Metafísico es acelerar lo más posible la venida de esa Edad de Oro y que todos los humanos puedan participar rápidamente de este tesoro.

Formato 13 x 20 cmts. 112 pgs.
ISBN: 978-980-369-082-3

Formato 13.3 x 21 cmts. 304 pgs..
ISBN: 978-980-6114-14-2

E-books y audiolibros disponibles en www.metafisica.com

2ᵈᵃ Edición
El librito azul

*E*ste manual de metafísica en términos sencillos, está dirigido a quien necesite conocer la verdad de Dios. Está escrito en *palabras de a centavo*, como su autora solía decir, y se debe consultar constantemente, pero sobre todo cada vez que se presente un problema o se enfrente una situación angustiosa; en estos casos pasará algo asombroso, y es que el librito se abrirá en la página que se conviene consultar para propiciar la paz y la prosperidad.

En él encontramos temas muy variados como la mecánica del pensamiento, los decretos, la fe y el amor entre otros.

2ᵈᵃ Edición
La Chispa de Conny Méndez
Humor y Memorias

*L*a Chispa Venezolana de Conny Méndez, originalmente publicado en 1980, contenía sus memorias humorísticas *Las Memorias de una Loca* (Barquisimeto, 1955), su versión de la historia de Venezuela Histori-Comi-Sátira *Del Guayuco al Quepis* (Caracas, 1967) y el álbum de caricaturas *Bisturí* (París, 1931). En siguientes ediciones se insertó el cuento esotérico *Entre Planos* (Caracas 1958), se incluyó una Cronología que vincula los eventos más importantes en la vida de Conny Méndez con su producción artística y para finalizar se agregaron fotografías para ilustrar personas, momentos y rasgos artísticos de la polifacética Conny Méndez.

Formato 13 x 20 cmts. 112 pgs.
ISBN: 978-980-369-087-8

Formato 15 x 21.5 cmts. 272 pgs.
ISBN: 978-980-6114-43-2

E-books y audiolibros disponibles en www.metafisica.com

2da Edición
La Voz del «Yo Soy»

Una vez que Conny Méndez terminó de publicar la revista *El Nuevo Pensamiento*, entre 1970 y 1972, continuó con la dirección y edición de pequeños folletos que denominó *La Voz del «Yo Soy»*. Recopiló varios artículos relacionados con el aprendizaje y aportó otros escritos por ella. Los nombres de los instructores de Metafísica que Conny formó para la continuación de la enseñanza están en una lista en el apéndice de la presente edición.

En esta revista, al igual que en la anterior, se ofrecen diversos temas que el estudiante metafísico supo agradecer y tiene como mérito el haber sido reproducida manualmente por la autora en un pequeño multígrafo casero de marca Gestetner procedente de Inglaterra.

Formato 13.3 x 21 cmts. 172 pg.
ISBN: 978-980-6114-42-5

2da Edición
Numerología

Los números siempre han sido utilizados para prácticas adivinatorias porque se cree en la relación que hay entre ellos, los humanos, las fuerzas cósmicas y las espirituales, lo cual ha dado como origen a la numerología. Pitágoras, filosofo griego cuyas teorías aún están en uso hoy en día, decía que las palabras tienen un sonido que vibra en sincronía con la frecuencia de los números y algunos otros pensadores señalan que los números nada más no son para cuantificar lo que tenemos a nuestro alrededor.

Conny Méndez, por su parte, empleó la numerología como otra de las prácticas a las que se dedicó por la relación que tiene con la metafísica por lo que aquí les brinda este tratado de Numerología.

Formato 13 x 20 cmts. 112 pg..
ISBN: 978-980-369-088-5

E-books y audiolibros disponibles en www.metafisica.com

Conny Méndez

La caraqueñísima Conny Méndez, dicho por ella misma, era una toera porque hacía de todo. Fue una venezolana fuera de lo común; es posible que muchos jóvenes no hayan oído nunca el nombre de esta extraordinaria mujer.

Fue bautizada como Juana María de la Concepción, para dejarlo en Conchita. Era hija de Eugenio Méndez y Mendoza, escritor y poeta de finísima calidad, y de Lastenia Guzmán de Méndez y Mendoza.

Conny estuvo adelantada a su época, y allá por el año 1927 cuando las mujeres fumaban a escondidas, ella lo hacía en público y decía que ya se lo agradecerían las caraqueñas algún día, según cuentan sus allegados.

Desde muy joven se dedicó a casi todo y más o menos por orden cronológico fue de la siguiente manera: Autora y Compositora. Su primera composición fue *La niña luna*, que realizó y a manera de ensayo. Posteriormente compuso *La Negrita Marisol, Yo soy venezolana, Venezuela habla cantando* y *Chucho* y *Ceferina*, por citar sólo cuatro, y esta última es considerada por muchos como ejemplo de música folklórica. Luego vinieron muchísimas otras, algunas de ellas de enorme difusión conocidas por toda Venezuela y como cantautora deleitó a millares de personas interpretando sus propias piezas durante muchísimos años, tanto en el país como en el extranjero.

Como caricaturista y cronista trabajó en la revista *Nosotras* en su columna Aquí entre nos. Conny también fue pintora; comenzó en este campo haciendo paisajes y retratos. Durante 10 años gozó "un puyero" con sus paletas, pinceles y demás yerbas (como se expresaba), y llegó a terminar un sinnúmero de obras cuyo paradero ella desconoció, dado que muchas se las llevaban "prestadas, y la gente, lamentablemente, tiene tan mala memoria", decía.

Como escritora se proyectó principalmente a través de su libro *Memorias de una loca*, publicado en 1955, que hoy se conoce como *La Chispa de Conny Méndez,* y que resultó todo un bestseller. Es una recopilación de lo más divertido que le había ocurrido hasta entonces.

Como si todo esto fuera poco hay que resaltar la dedicación casi total que Conny Méndez le brindó a su gran pasión: la

Metafísica. Una vez que se encontraba a bordo de un tanquero que la traía desde Estados Unidos durante la Segunda Guerra Mundial, conoció a la viuda de Henry Pittier. Esta dama inició a Conny en el mundo de la Metafísica. El viaje resultó toda una odisea y, por supuesto, en muchos momentos hizo falta mucha fe en Dios para sobrellevar el peso del tremendo peligro que les acechaba. En esos momentos Conny y la señora Pittier hablaron mucho de Filosofía y de Metafísica. Al llegar a Venezuela –"milagrosamente" como dijo Conny–, se lanzó de lleno a la búsqueda de cualquier material literario que existiera sobre Metafísica. Leyó todo lo que cayó en sus manos y un día, profundamente conocedora de esta filosofía, fundó la Hermandad de Saint Germain que se extendió, primero, por toda Venezuela, y luego por toda Latinoamérica. Y en este campo siguió tan activa que viajó y dictó conferencias, y se comunicó con los miles de amigos que tenía en todas partes.

Su producción más notable la constituyen cuatro pequeños tomos de Metafísica: *Metafísica al alcance de todos, Te regalo lo que se te antoje, El maravilloso Número 7* y *¿Quién es y quién fue el Conde Saint Germain?*, recopilados en un solo volumen titulado *Metafísica 4 en 1*.

Por todas estas razones no se exagera un ápice al tildar a Conny como una venezolana totalmente fuera de lo común.

Funda en 1946 el movimiento de Metafísica Cristiana en Venezuela, consagrándose de lleno a la enseñanza esotérica a través de sus libros y conferencias. Fue condecorada en tres ocasiones con: Diploma y Botón de Oro Cuatricentenario, 1967; Diploma y Medalla de Buen Ciudadano, 1968; Orden Diego de Losada en 2a. Clase, 1976. Recibió además, en reconocimiento de su labor artística, cultural y humanitaria, numerosos homenajes y galardones, así como diversas placas en reconocimiento de su labor en el campo de la Metafísica Cristiana.

✠

Para información visite nuestra página WEB: **www.metafisica.com** o escríbanos por e-mail a **infolibros@metafisica.com**

Distribuidora Gilavil, C. A.

Apartado 51.467, Caracas 1050
Tel. +58 (212) 762 4985
Tel./FAX +58 (212) 762 3948
Venezuela

POBA 2-30032,
P.O. BOX 02-5255
Miami, FL 33102-5255
USA

Este libro se terminó de imprimir en
el mes de agosto de 2013 en Romanyà-Valls,
Capellades (Barcelona).